Los juegos son divertidos

Los patrones

Lisa Greathouse

Asesoras

Chandra C. Prough, M.S.Ed.
National Board Certified
Newport-Mesa
  Unified School District

Jodene Smith, M.A.
ABC Unified School District

Créditos

Dona Herweck Rice, *Gerente de redacción*
Robin Erickson, *Directora de diseño y producción*
Lee Aucoin, *Directora creativa*
Conni Medina, M.A.Ed., *Directora editorial*
Rosie Orozco-Robles, *Editora asociada de educación*
Neri Garcia, *Diseñador principal*
Stephanie Reid, *Editora de fotos*
Don Tran, *Diseñador*
Rachelle Cracchiolo, M.S.Ed., *Editora comercial*

Créditos de las imágenes

Cover Dmitriy Shironosov/Dreamstime; p.5 Photolibrary; p.6 Photolibrary; p.8 Sean Locke/iStockphoto; p.10 Photolibrary; p.18 Photolibrary; p.22 iStockphoto; All other images: Shutterstock

Teacher Created Materials

5301 Oceanus Drive
Huntington Beach, CA 92649-1030
http://www.tcmpub.com
ISBN 978-1-4333-4397-1
© 2012 Teacher Created Materials, Inc.

Tabla de contenido

¡Los juegos son divertidos!

Busca patrones.

¿Juegas a las damas?

Observa el patrón AB.

A   B   A   B

¿Juegas a las cartas?

Observa el patrón AAB.

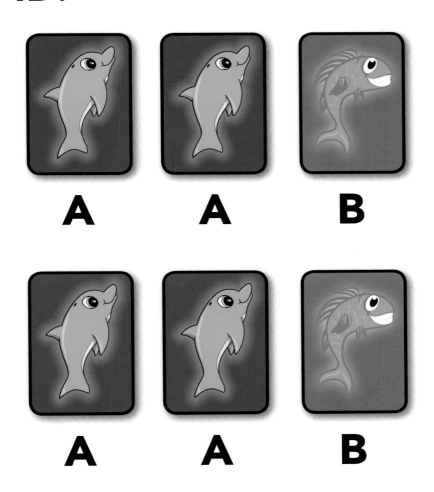

A   A   B

A   A   B

¿Juegas con bloques?

Observa el patrón AAB.

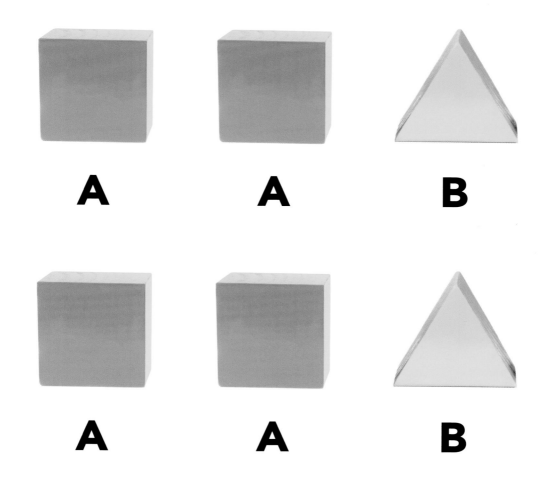

A   A   B

A   A   B

¿Juegas con rompecabezas?

Observa el patrón AB.

A   B   A   B

¿Juegas con juegos de mesa?

Observa el patrón ABB.

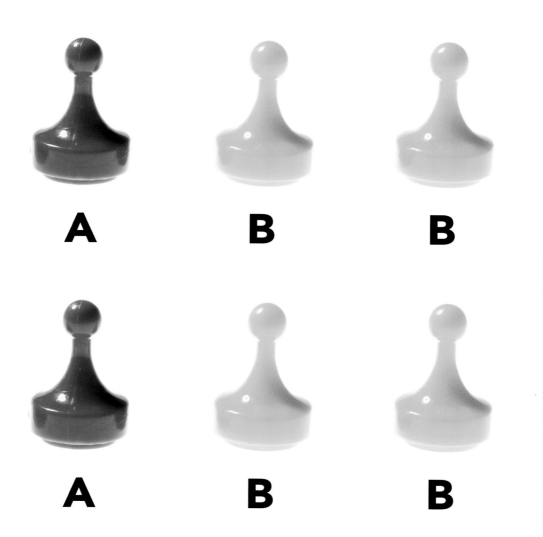

A   B   B

A   B   B

¿Juegas al tenis de mesa?

Observa el patrón AAB.

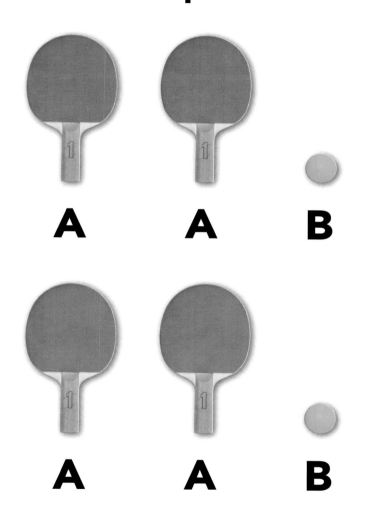

A   A   B

A   A   B

¿Juegas a las canicas?

Observa el patrón AB.

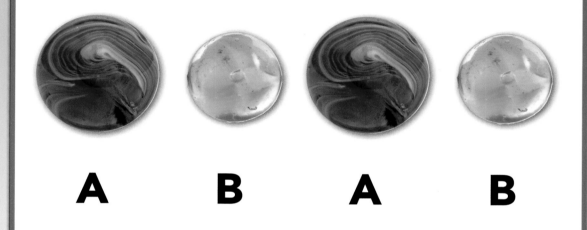

A   B   A   B

¿Juegas a los palitos chinos?

Observa el patrón ABC.

A   B   C

A   B   C

¿Juegas a la matatena?

Observa el patrón ABB.

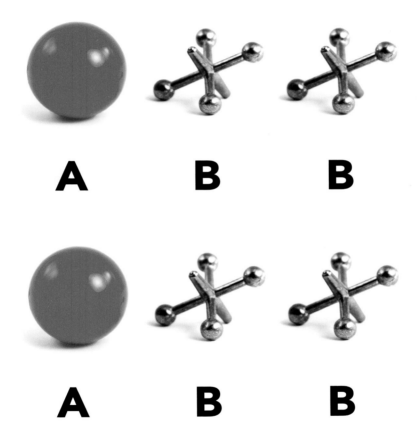

A   B   B

A   B   B

Mira el patrón.

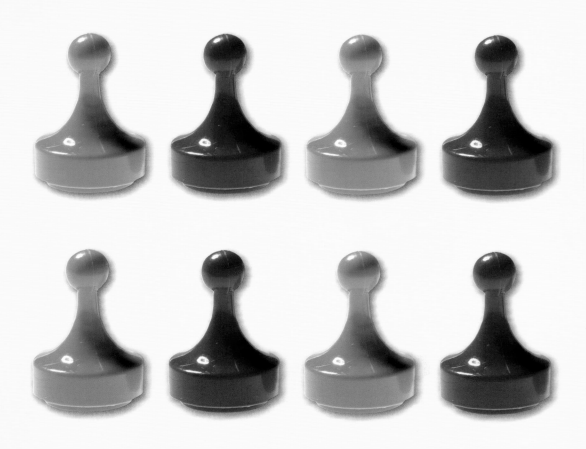

1. ¿Qué sigue?

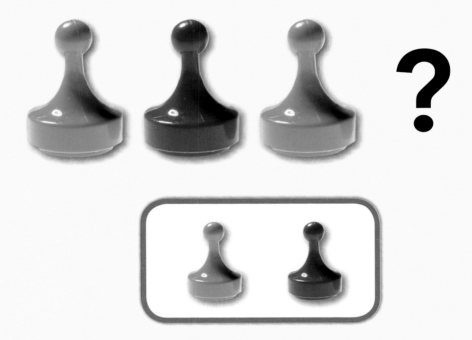

2. ¿Qué tipo de patrón es?

Mira el patrón.

1. ¿Qué sigue?

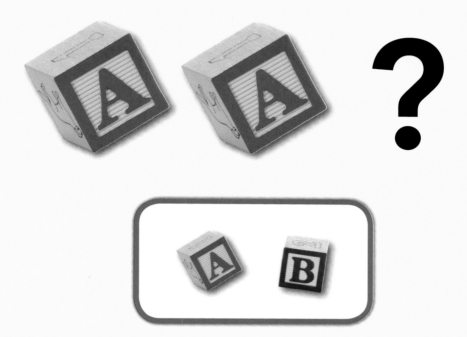

2. ¿Qué tipo de patrón es?

¿Qué patrones puedes hacer con bloques?

Materiales

✓ bloques para formar patrones

1. Haz un patrón de formas con los bloques.

2. Nombra tu patrón con letras.

3. Intenta hacer un patrón de color.

4. ¿Puedes hacer otro patrón?

Glosario

patrones—diseños que se repiten

Patrones

A B

A A B

A B B

A B C

¡Inténtalo!

Páginas 24–25:

1.

2. AB

Páginas 26–27:

1.

2. AAB

Resuelve el problema

Las respuestas pueden variar.